엄마는 걱정하지 않았다

엄마는 걱정하지 않았다

시산맥 기획시선 154

초판 1쇄 인쇄 | 2025년 7월 20일
초판 1쇄 발행 | 2025년 7월 25일

지은이 전인숙
펴낸이 문정영
펴낸곳 시산맥사
편집주간 김필영
편집위원 최연수 박민서
등록번호 제300-2013-12호
등록일자 2009년 4월 15일
주소 03131 서울특별시 종로구 율곡로 6길 36. 월드오피스텔 1102호
전화 02-764-8722, 010-8894-8722
전자우편 poemmtss@naver.com
시산맥카페 http://cafe.daum.net/poemmtss

ISBN 979-11-6243-605-9 (03810) 종이책
ISBN 979-11-6243-606-6 (05810) 전자책

값 12,000원

충 주 시　충주문화관광재단

* 이 책은 충주시, 충주문화관광재단의 후원을 받아 발간되었습니다.
* 이 책은 전부 또는 일부 내용을 재사용하려면 반드시 저작권자와 시산맥사의 동의를 받아야 합니다.
* 이 책은 교보문고와 연계하여 전자북으로 발간되었습니다.
* 본문 페이지에서 한 연이 첫 번째 행에서 시작될 때에는 〈 표기를 합니다.
* 저자의 의도에 따라 작품의 보조 동사와 합성 명사는 띄어쓰기가 달라질 수 있습니다.

엄마는 걱정하지 않았다

전인숙 시집

| 시인의 말 |

살아간다는 것은 길 위를 걸어가는 것
삶이란 꽃을 피우며 살아가는 일
어제 없는 오늘이 없듯이
선물처럼 오늘을 안고 살아가고 있다.
문득 내 마음을 두드리는 순간들의 설렘
때로는 기쁘고 행복했던
또 때로는 모난 돌처럼
또 어떤 마음은 둥글둥글 찾아와
내 마음과 마주했던 감정
일기처럼 기록해 놓은 것이
시집으로 출간할 수 있게 되어 감사하다.

2025년 한여름,
전인숙

■ 차례

1부

사랑방	19
분꽃 앞에서	20
풀피리	22
게으른 악어	24
목련	25
하얀 대문집	26
산막이옛길	28
아침에 쓰는 일기	29
문자	30
겨울을 마중 나온 첫눈	31
하얀 망초	32
참 좋은 친구	33
스러지다	34
핫 브랜드	35
성당 축대 담쟁이	36
엄마는 걱정하지 않았다	37

2부

이 맛이지	41
우박	42
잊을 수 없는 그날	43
독불장군	44
베어낸 그 자리에	45
빨랫줄	46
카페존	47
사회생활	48
응급실	50
언제 우리는	51
보통의 말씀	52
오월의 기억	54
다시 콩으로	56
콩알과 비둘기	58
성모님께 드리는 편지	59

3부

잡초의 눈물	65
어머님 생신날	66
독서의 달	67
선물 詩	68
늘 오는 하루지만	70
시온	71
가을은 떠나지 않았어요	72
성실한 봄	74
눈길을 걷는다	75
꽃이 슬프단다	76
모성	77
풍경이 아름다운 그곳	78
까만 비닐봉지	80
우림 정원	82
꽃상여	83
사람이 꽃이 되던 날	84

4부

불청객	89
집으로 가는 길이 좀 더 멀었으면	90
성큼 가을이 갈까 봐	92
남겨 둔 마음	93
노란 버스	94
벌초	96
채송화	98
글꽃	99
달마저 장마에 떠내려갔는가	100
엄마는 그랬다	101
초대	102
흑백 풍경	104
나는 보고 싶은 것만 보았나 봐	106
힘들게 오고 있는 봄	107
천국	108

■ 해설 _ 서정과 동심, 시의 깊이   111
    오만환(시인)

1부

사랑방

울타리가 없었던 시골
문간방 하나를 사랑방으로 내어놓았던
질화로 같은 은근한 정이 머문 곳

누구나 머물다 갈 수 있는 사랑방
가마솥에 군불을 지펴
구들장을 덮여 놓았던 어머니

아랫목 화롯불
토닥토닥 불꽃에 고구마가 익어가고
등잔불 온기 방 안을 가득 채운다

창살문에 비치는 어스름한 달빛
청춘의 이야기가 식을 줄 몰랐던
추억의 사랑방

분꽃 앞에서

먹물 한 방울 떨구어 논 하늘빛
꼭 다물었던 입술을 열며
하나둘 피어나기 시작하는 분꽃

바람이 보내준 향기
뜨락의 분꽃 앞에 앉아 있는 나
두터운 듯 은은한 하얀 분꽃에서
엄마 살 냄새가 난다
그리운 엄마

우리가 결혼하던 특별한 날에만
분단장했던 엄마
보고 싶은 울 엄마
분꽃에서
울 엄마 분 냄새가 난다

하얀 분꽃
흰 모시 적삼 곱게 차려입은
고운 엄마의 모습을 보는 듯
볼 수도 없고 만져볼 수도 없는 엄마

〈
분 냄새 살 냄새
그리움에 눈이 감긴다

풀피리

호숫가 산책로 물오른 버드나무
호두기를 만들어 소리를 내어 보라

뿌우우 뿌우우
풀피리에서
고향의 개울물 흐르는 소리가 들린다

물방개 소금쟁이 잡는다며
비 내리는 날
텀벙텀벙 개울물 헤집던 철없던 그 시절

아카시아 줄기로 손톱을 칠하면
윤기가 나던 손톱
아름다움을 알아가던 그 시절

엄마가 부르는 소리
동네가 떠나가도
고무줄놀이에 땅거미 지는 줄 몰라
한바탕 혼이 나던 그 시절
〈

달빛에
그리움 한 자락이 생각나는 한여름 밤
추억을 물들이듯
봉숭아 꽃물에 정서를 물들인다

게으른 악어

월악산이 품고 있는
대미산 악어봉
악어가 산다는 소문을 듣고
꼬리에 꼬리를 무는 관광객들

월악산이 키우는 초록 악어
충주호를 묵묵히 지키며
여름을 살찌우는 잠만 자는 악어

월악산 게으른 악어는
그래도 유명 인사
충주호의 마스코트
아름다운 호수의 배너

목련

엄마의
따뜻한 품속에서
어느 날 담장을 넘어
골목길까지 나를 배웅하던 너
쓸쓸히 떠나던 뒷모습
애달픈 마음
너를 기다리며
오늘도 골목길을 서성인다
다음날도
또 다음날도
설렘으로 너를 마주한다
상견례 하듯
곱디고운
새 신부처럼
내 곁에 와 있는 너

하얀 대문집

성당 형님이 살구 좀 먹어보라며 주시는데
보기만 해도 입에서 침이 고인다
아버님 생각이 난다

우리 집 흙담 대문 옆에
큰 살구나무가 한 그루 있었는데
아버지는 상처 나지 않은 살구를 따기 위해
사다리를 대고 올라가서 잘 익은 놈만 골라
손으로 따기도 했고 바지랑대로 나뭇가지를 털어 주기도 했다
자식들에겐 터지지 않고 분이 나는 살구만 주셨다

엄동설한 새벽녘도 마다하지 않고
집 안을 돌며 건천 아궁이마다
연탄을 갈아주시던 아버님
고양이보다 더 은밀했던 아버지 발자국
그때는 왜 그리 귀도 밝았는지
왜 그렇게 일어나기가 싫었는지

이제 그곳에는

사다리도 없고 살구나무도 없다
장미 넝쿨이 이쁜 하얀 대문집이 되었다

산막이옛길

겹겹이 언 강에도
침묵을 깨고 기지개 켜는 소리가 들린다

여린 햇살이 쏟아지고
부드러운 숨이 산모퉁이를 돌아
봄이 몽글몽글
산막이옛길에서
봄이 오는 소리 듣는다

손잡고 걷는 연인들
길을 열어주는 발걸음
밀어주고 당겨주는
노부부의 뒷모습
긴 그림자를 드리우며 한 몸을 이룬다

겨우내 마른기침하던 나무들
봄 향기에 입술이 촉촉이 젖어오면
산막이옛길에
옛 추억 한 보따리 풀어놓는다

아침에 쓰는 일기

하루를 시작할 때
세수하고 거울을 보며 겉모습은 점검하면서
정작 마음 상태는 돌보지 않는다
마음이 아픈 건 드러나지 않다 보니
불필요한 감정 소모를 한다

외출할 때도
겉모습에 신경 쓰며 외모를 점검한다
마음도 그렇게 점검할 수 있다면
불필요한 감정을 소모하는 일은 줄어들 것이다

일기는 아침에 쓰라고 한다
저녁에 쓰면 감정이 들어가지만
아침에 쓰는 일기는
자신을 돌아보는 여유를 준다

커피믹스 한 잔을 준비해 식탁에 앉는다
시간의 숨은 어제와 만나며
사색하는 힘과 마주하는 쉼을 갖는다
생각을 순화시키고 정화시킨다

문자

발갛게 익은 사과를 툭 던지듯이 주길래
두 손이 얼른 받아 들었다

그 많은 열매가 다 사과가 되지 않듯이
이제
울타리에서
세상 밖으로 나오는 용기가 필요하리라

두 손이 받아 든 사과
아직은 내 것이 아닌 듯
부끄러움에
발갛게 달아오른 얼굴

세상 밖으로 나오기 위해
글 꽃을 피운 시간
오롯한 사과로 내 것이 되었네

겨울을 마중 나온 첫눈

성모당에
목화송이처럼 따뜻한 눈이 내린다

첫눈을 마중 나온 웃음소리
콩콩 콩 깡충깡충
방글방글 깔깔 깔

아이들 발자국 음표가 되고
아이들 웃음소리 노래가 된다

아이처럼
첫눈의 기쁨으로 소리치며 환호한다

하얀 망초

나뭇잎 사이로
햇살을 받으며
초록 숲에 홀연히 서 있던 하얀 꽃

이름조차 알지 못해
불러 주지 못하는 마음
이리도 아름다운 향기를 주는지

지천명을 바라보는 계절
꽃 진 자리 봄이 길을 내어주니
여름이 물들어 간다

나에게 하얀 손을 내밀던
부르지 못한 꽃이여!

너의 이름을 알고 너에게 다가갈 때
너는 나에게 용서의 기쁨을 주었다

참 좋은 친구

장거리 운전을 처음 하는 여자
그 여자에게 몸을 맡기고
여행길을 나서는 두 여자
상냥하고 친절한 여자가 먼 여행길을 나선다

열 번 백 번
화를 내지 않는 너
반말하지 않는 너
나를 존중해 주는 너
상처를 주지 않는 유일한 너
바른길로 인도하는 너
믿지 못하고
샛길로 새는 나
친절하게 바로 잡아주는 너
너와 함께라면
어디에 있어도 두렵지 않아
여행길에 특별한 너
참 좋은 친구!

스러지다

밤사이 무슨 일이
청천벽력
눈을 의심하고 귀를 의심했다

아니
눈과 귀를 다 막고 싶었다

피어나지 못한 무수한 꽃들의
꽃잎이 스러졌다

핫 브랜드

지구인이 만들어 낸 브랜드
이 상품이 여름을 뜨겁게 달궜다
핫한 이 제품의 사기는 하늘을 치솟았고
그 열기가 점점 뜨거워 침체의 늪에 빠지는 인간들
기록은 기록을 깨우며 갱신한다

올여름 한반도를 강타한 브랜드
지구인 모두는 평생을 이 브랜드 기여에 일조하며 살아왔다
제품 이름은 고온
40도를 오르내리는 고열에
특허받은 백신 처서는 조용히 지나가고
고온의 강세를 하락시키지 못한 채
마감한 종다리

억만년을 견뎌온 북극 시베리아에서 흐르는 눈물
북태평양과 티베트의 지독한 사랑
사랑앓이의 열병에 시달려야 했던
지구인

성당 축대 담쟁이

믿음 하나만으로
그 높은 곳을
그 먼 길을
차디찬 돌담에서
온통 초록 세상을 만들어 가는 담쟁이

서 있을 수조차 없는 그 길을
부여잡고 움켜쥐는 것
그것이 삶의 전부가 아니라고
비워야
비로소
앞으로 나아갈 수 있음에
손목을 떨구는 담쟁이

손과 손을 마주 잡고
축대를 온몸으로 품어 안고서야
담쟁이는 손을 벌려 세상을 안아 준다

엄마는 걱정하지 않았다

방학만 되면
비포장길에 덜컹거리는 버스를 타고
외갓집에 가는 게 큰 즐거움이었던 때가 있었다
가다가 꽃도 꺾고 개울에서 주저앉아 물장난도 치며
세월아 네월아
일제 강점기 엄마가 다녔다는 보통학교
오수 초등학교를 지나
십 리 길을 걸어가는 그 길이
멀다고 생각해 본 적이 없다
전화도 없었던 시절
잘 갔겠지 잘 들어갔겠지!
요즘 세상이면 상상도 할 수 없는 일이지만
안내양 언니가 차 문을 두드리면
그곳이 정거장
그 믿음으로
엄마는 걱정하지 않았다

2부

이 맛이지

고운 한지에
수줍은 듯 다소곳이
발그레 곱기도 한 것

말랑말랑
연하기가 부드러운 속살 같구나!
입안 가득히 고이는 너의 풍미風味
침이 고여 더 이상 참지 못하고
허물을 벗기기 시작했지
드디어 속살을 드러내는 너
한입 덥석 베어 물었다
살살 살 녹는

그래 복숭아 맛은 이 맛이야

우박

은빛을 휘두르며
오뉴월 하늘이
눈물의 돌덩이를 쏟아낸다

대지에
살아 있는 모든 것
살을 도려내는 아픔을
온몸으로 끌어안으며
겸허한 자세로 받아들인다

문조차 열지 못하는
하늘이 내리는 폭력 앞에서
인간은 한없이 나약한 존재였다

고통을 품으며
견뎌야 살 수 있는 악몽 같은 밤
의연하게 하루를 대하는
여리디여린 그 생명 앞에서
엄숙해지는 아침

잊을 수 없는 그날

왔니, 하며
창살문을 활짝 열어젖히며
반기던 울 엄마

이른 아침 다급하게 울리던 전화벨 소리
마을 어귀
꽃모종을 하기 위해
홀로 일어나다 쓰러지셨던
잊을 수 없는 그날

엄마는 말을 잃었고
나는 엄마 목소리를 잃었습니다

올해도 나의 뜨락에는 백일홍이 피었습니다
한 번 심은 백일홍은 이렇듯 다시 피어나는데
보고 싶은 엄마의 목소리는 피어나지 않습니다

독불장군

바다라는 나라에
어쭈구리 병을 치료한다고
명인이 방문한다고 하니
참새란 참새는 다 모여들었다
먼 나라에서도
바다 이야기에 재잘재잘
나팔수들의 나발 부는 소리
밤을 밝히고

고집 아집이라는 종기에
특효약조차
명험明驗하지 않아 소용돌이치는 바다

비켜섬이라는 섬이 있었더라면
물러섬이라는 섬이 있었더라면

베어낸 그 자리에

장독대
밀알 하나 떨어져
틈을 비집고 나오는 생명의 힘

기억을 잊고
세월의 옷을 입고
또다시 봄을 입고

꽃이 피었네
너는 그 자리에 있어야 했나 봐!

빨랫줄

바지랑대에 몸을 기댄 채
덩그러니 외로움을 끌어안고 있지만
새들도 날아와 벗이 되어주고
햇살 좋은 날은
무지개를 그리는 패션모델

부딪히고 고생했을 하루
삶의 고단함을 안아주며
세상 사는 이야기를 듣는다
사연을 싣고
곡예사가 되어 런웨이를 한다

어둠이 가지 끝을 멍들게 하지만
잔조로운 바람에도 가벼운 왈츠를 추며
하루를 씻는다
그러면
한 쌍의 고추잠자리
네게로 다가와 나붓이 내 몸에 기댄다

카페존

가벼운 옷차림을 야단이라도 치는 걸까
치맛자락을 휘날리는 꽃샘바람
겨울을 견디느라 야윈 나무들을
부드럽게 보듬어 주는 햇살
봄을 깨우는 소리 봄을 여는 소리가 들린다

차 한잔 마주하며
수다꽃 피우기 좋은 곳
커피 숲만큼 착한 곳이 어디 있으랴
한 공간에 함께 있음이 좋은 사람들
만남이 행복한 사람들
집에서 하지 못한 이야기를 분출시키듯
아드레날린을 날린다

햇살을 부숴 넣은 듯 벌겋게 상기된 얼굴
카페라는 숲에서 말꽃을 피우며
여자들의 오후가 그렇게 그렇게

사회생활

새봄이 시작되는 3월
어린이집에 입소한 21개월 시온이
시온이 사회생활이 시작되었지요
엄마와 떨어져야 하는 슬픔을 배우는 시온이
둘째 날은 울음 끝도 짧았다는구나
셋째 날은 웃으면서 엄마 품으로
사진 속 표정으로
할머니는 시온이 언어를 읽는단다
넷째 날은 밥도 잘 먹었다는구나
다섯째 날 유치원으로 너를 마중 간 할머니
대견한 너를 꼭 안아주고 싶어서였지
어떤 표정을 지을까?
신발장 운동화를 두리번거림 없이 한 번에 찾아오더구나
너무 기특해서 꼭 안아주었지
털썩 주저앉더니 신겨달라는 시온이 언어
선생님께 고개 숙이고 인사할 줄 아는 시온이
잘했어요, 잘했어요
할머니 눈에는 보였지
하루가 다르게 성장하는 시온이가
기분이 좋았는지 차 안에서 너만의 언어로 흥얼거렸어

할머니는 알아들었지
지금 우리 시온이 기분이 최고구나 하고

응급실

면회조차 자유롭지 않은
코로나 팬데믹
보호자도 곁에 있지 못하는 엄중함

살려야 하는 사람
살아야 하는 사람
긴박함과 다급함

삶과 죽음의 갈래 길
가려진 커튼으로
새어 나오는
흰 벽을 채우는 신음과 고통의 숨

쉼 없이 움직이는 하얀 가운
고요함
살벌함
통곡 소리

아무것도 해줄 수 없어 한숨은
허공을 채운다

언제 우리는

입을 막고
지낸 세월이 3년
패션이 되어버린 마스크
익숙하게 입을 가리고 거리를 활보한다

거저 얻었던 모든 것
당연한 것들이
소중하고 귀한 것이었음을
공동체, 동아리 친구
그리운 시간
언제 우리는 예전으로 돌아갈 수 있을까?

함께하는 삶이
사람 사는 세상

연한 녹색이 점점 초록으로 번지는
아름다운 세상을 몇 번을 더 보내야
이 팬데믹에서 벗어날 수 있는 걸까

보통의 말씀

굴뚝에서
저녁 짓는 연기 안개처럼 피어오르고
집집마다 굴뚝 꽃 피면
엄마가 부르는 소리가 들린다

심부름도 잘한다는 칭찬에
두 발 뛰기하며
할아버지, 할아버지 목청 터져라 소리를 지르며
논두렁 밭두렁을 뛰어가던 꼬마
저 끝에 마을 사랑방
곰방대를 물고 계실 할아버지를 부르는 일은
항상 내 차지

사람은 무엇보다 근면 성실해야 하며
머리가 구할九割 미美라며
항시 단정하게 매무시를 해주셨던 어머니
그래서일까
지금도 나는 머리가 단정해야 하루가 행복한 여자

잘못을 저질러도 언제나 정직해야 한다며

거짓말만큼은 용서하지 않으셨던 어머니
잔소리처럼 들리던
이 평범한 보통의 말씀이
살면서 생활 속 지침이 되었다

오월의 기억

특별한 날이 많은 5월
선물이란 좋아하는 것이 무엇인지 고민하고
생각했을 마음을 담은 꽃 한 송이면 되는 것을
그럼에도 아이들은 마음을 전하는 데 인색함이 없다

아이들의 마음을 받고 나니
울 엄마 생각이 난다
아버지 보고 싶다며
함께 산소에 갔던 엄마와의 동행
건강했던 엄마의 마지막 모습이 될 줄은

매달릴 힘도 없어
주저앉아 일어설 수조차
기도하던 두 손은 말을 잃고
성당 담장 장미 넝쿨은 붉게 물들고
말을 잃고 그 자리에 서 있기만 했던 날들

생각하면 어제 일처럼 선명하건만
그리움은 옅어지고

세월은 나의 감각을 무디게 하며
가끔 오월의 기억을 잊는다

다시 콩으로

꽃씨도 영역 다툼을 하면서 군락을 이루듯

함께한다는 건
서로의 배려와 질서 안에서
공동체를 이루며 사는 것

어둠 속에서
생과 사를 넘나들던 콩알
수난과 시련을 견디고
빼죽 빼죽
비집고 올라오는 생명의 힘

비둘기의 수난을 겪고
드디어 무성하게 잎이 나오고
꽃이 피더니
시련과 고통을 극복하고
씨주머니를 품고
또다시 콩으로 거듭나고 있다
〈

혼자인 것은 없다
서로 보듬으며 더불어 하는 것

콩알과 비둘기

나는 콩알
처음 본 너는 너무나 멋졌어
내 곁에 가까이 오면 올수록
하나, 둘 사라지는 친구

어둠 속에서
세상 밖으로 나오고 싶었는데
밝음을 보고 싶었을 뿐인데
콩알만 한 나는 묵묵히 견뎌야만 했어

사랑의 손길은 차광막으로 모기장을 만들어 주고
허수 어미도 세워주었어

드디어 허물을 벗고 진화하기 시작했지
쑤욱 고개 내밀고
점점 모습을 완성 시키며
나는 성장하고 있었어

네가 다가오면 너를 용서하고
나는 기꺼이 너의 친구가 되어 주리라

성모님께 드리는 편지

성모성월 사랑하올 어머니께
사순의 강 너머 찾아온 부활의 기쁨으로 충만한 이때
우리 교현 성당 신자들은 성모 순례지로 지정된 성모당에
일생을 당신 아드님과 함께하신 성모님을 기억하고 본받고자
이 자리에 모였습니다
우리 모두를 자애로운 눈빛으로 바라보고 계시는
우리의 마음속에 어머니로 늘 함께해 주시는 성모 마리아
우리의 어머니
오늘은 어머니의 모습이
그 어느 때보다도 빛이 나고 환한 미소로 반겨주는 듯합니다
오월 가장 아름다운 계절
한 생을 당신 아드님을 위해 기꺼이 바치신 성모님
촛불 봉헌과 장미 송이를 헌화하며
하루하루 삶이 성모님처럼 하느님 아버지의 뜻에 순종하고
일치되도록 노력하겠습니다
이렇게 특별한 날에 부족한 보나가 성모님께 드리는 편지를
독서할 때보다 더 떨리는 음성으로 봉헌하고 있습니다
저에게 어머니의 첫 모습은 묵주기도를 하면서
그저 입으로만 되뇌는 피상적인 어머니셨습니다
십자가 길에서 만난 어머니를 통해

부모의 심정을 헤아리는 당신의 자녀로 거듭나고 있습니다
십자가의 길에서 아드님을 만나셨지만
사무치는 아픔을 참아야 했던 어머니
그렇게 십자가 길을 동행하시며 예수님의 고통을 함께 나누셨던 어머니
피 흘리는 아들의 고통과 죽음 앞에서 가슴을 도려내는 아픔을 감내하며
처연하도록 침묵하며 아들을 바라보셔야만 했던 어머니
온전히 하느님께 모든 것을 맡기신 당신은
믿음과 순명을 그대로 보여 주셨습니다
세상 구원과 우리들의 회개를 위해
그토록 극심한 고통을 아름답게 봉헌하신 어머니
당신은 진정 만인의 존경과 사랑을 받아 마땅한 위대한 어머니십니다
어머니의 겸손과 순명의 삶은 나약한 우리에게
삶의 등불이 되어주셨습니다
성모님을 통해서 어머니의 삶을 살아가는
이 땅의 모든 어머니들이 고통 속에서 침묵할 수 있고
온전한 사랑으로 자신을 봉헌하며 살아갈 수 있는
은총과 지혜를 청합니다

당신 앞에서 두 손 모아 기도 할 수 있고
당신을 어머니라 부를 수 있는 주님의 자녀가 되어 행복합니다
우리의 가슴에 어머니의 사랑이 가득하기를 소망합니다
사랑합니다, 어머니!

* 2015년 5월 21일 성모의 밤에.

3부

잡초의 눈물

관리받는 손길이 없어도
씩씩하게 잘 자라는
환영받지 못하는 풀
사람들은 나를 잡초라고 부른다

담벼락이나 돌 틈에서 홀로
쓰러지고 또 쓰러지며
뿌리를 내리며 살아나는 나는

잡초라는 이름으로
여름이면 온몸에 상처를 입네
내가 베어질 때마다
풀냄새
싱그러워 싱그러워라

상처가 내는 내 울음인 것을

어머님 생신날

잊어버리는
미안함을 주고 싶지 않아
동그라미를 그려 놓은 달력

아침은 먹었니
오늘이 네 생일인데 하며
누구보다 먼저
잊지 않고 전화를 주셨던 어머니
다른 기억을 묻어 버릴 만큼
더 좋은 기억으로 남아 어머니를 생각하게 되었다

어느 해 점심이라도 사 먹으라며 건네주신 봉투
그 마음을 선물로 간직하고 싶어 산 귀걸이
귀걸이가 이쁘다는 소리를 들을 때마다
어머님 선물이라며
자랑하듯 말하기도 했는데
그 귀걸이는 어머님이 준 마지막 선물이 되었다

이제는 이름조차 기억하지 못하는 어머니
오늘이 어머님 생신날이네요

독서의 달

도서관에서 빌려온 책
하루 연체하면
며칠 있다 대여가 되나요
사서가 말한다
독서의 달이라 곧바로 대여 가능하다고

시인은 말합니다
책은 늘 읽어야 하는 건데
왜 독서 주간이 있는 거냐고
이 가을 휴대폰이 아닌 시집 한번 옆에 끼고
공원 벤치에 앉아 가을의 낭만을 느껴보라고

책 두 권을 대출받아 나오면서
윤동주 시 한 구절을 멋들어지게 읊어 본다

'계절이 지나가는 하늘에는 가을로 가득 차 있습니다'

선물 詩

그녀는 언제나 사람들과 함께 있다
그네들의 배경이 되어주어 배려할 줄 안다
때로는 모노드라마의 주인공처럼 혼자 무대에 서기도 한다
그럴 때의 그녀는 세상에서 가장 아름다운 사람
그녀의 발걸음은 언제나 가볍다
툭 건드리기만 해도
금방이라도 하롱하롱 나비가 되어 날아간 듯하다
그녀의 사랑은 무겁다
사소한 어투 속에서 남편에 대한,
아들에 대한 사랑이 얼마나 견고하게
뿌리를 내리고 있는지 알 수 있다
그녀에게서는 언제나 사랑이 묻어난다
그녀는 늘 웃음을 머금고 있다
그것이 오랜 습관에서 빚어지는 것이 아니라 마음 깊은 곳에서 우러나는
자연스러움이다 사소한 바람에도 까르르 웃음이 터진다
그 웃음이 좋다
그녀가 가꾸는 텃밭은 싱싱하다
초록을 베어 문 것처럼 그녀를 생각하면

하루 종일 푸른 향기가 입안에 번진다
그녀 이름은 보나!

늘 오는 하루지만

특히 밝고 화사한 아침
오늘이 준 날씨에 감사의 마음을 전해보자

목마름을 해소한
초록 가득한 텃밭
요기조기 심어 놓은 작은 꽃들
채소들
그들과 눈 맞춤 하면서 가볍게 걷는다
아!
이 냄새
이 상쾌함
지나가는 바람
사운 대는 잎사귀
이 공기

사는 게 다 그렇지, 그런 거라 말하지만
순간순간 마음을 두드리며 찾아오는 다름이
선물처럼 오늘을 안고 살아가는 것

시온

둥이둥이 어화둥둥
설렘으로 너를 만났고
떨리는 마음으로 너를 안았단다

어화둥둥 사랑둥아
축복으로 우리에게 온 사랑둥아
응애응애
울음소리 신비롭구나!

어화둥둥 사랑둥이 우리 사랑아
너는 시온
세상을 열어가는 따뜻한 사람이 되렴

부르기만 해도 그냥 좋구나
다시 또 너를 불러 본다
생각만으로도
온통 너로 가득한 세상!

가을은 떠나지 않았어요

아직 산국도 만나지도 못했는데
가을 향기도 마르지 않았는데

첫눈이 주는 황홀감에 성당으로 올라가
성모당을 걷는다
하얀 설탕을 뿌려 놓은 듯 단맛에 빠져 길을 잃었다

첫눈의 기쁨은 잠시였을 뿐
더 이상 낭만적이지 않았습니다
내린 눈 위로 쌓여만 가는 눈
이틀째 속절없이 내리는 눈

아직 가을을 달고 있는 천변의 가로수
생이별의 졸가리
거리를 헤매는 상실의 슬픔

달만 장마에 떠내려가는 것은 아니었다

부패한 눈 아수라장이 된 도로
쌓여 있는 재난 문자

붉은 고딕체
52중의 추돌 사고
11월의 첫눈은 잔인하기만 했다

성실한 봄

봄은 처음처럼 온다
처음 그날처럼 새봄으로 찾아오는 봄

꽃이 피고 지고를 수없이 했을
나무의 세월만큼
내게도 수많은 봄이 지나갔다

머리에는 흰꽃이
손에는 흙꽃이

꽃은 피어 떨어져도
계절은 성실하게 찾아오고

손자의 웃음소리 하얀 벚꽃을 닮았네

눈길을 걷는다

아버지 생신이 있는 시월
나 어릴 때는 눈이 무릎까지 쌓였는데
지금 창밖에 눈이 내린다
아버지 생각이 나 공원으로 나와
펑펑 내리는 눈을 모자로 받으며
눈길을 걷는다

내 발자국은 멀어지고
그리움은 눈처럼 쌓여 가는데
함께한 추억이 생각나지 않아
나를 더 슬프게 한다

내 나이만큼도 살아보지 못한 아버지
가만히 가만히 소리내어 불러 봅니다
아버지, 아버지 하고

소복소복 쌓이는 눈길을 여전히 걷고 있다
더 기억하고 싶어서
더 생각하고 싶어서

꽃이 슬프단다

잔치
잔치 열렸네!
동네방네 꽃 잔치

순서 없이 세상 밖으로 나와
속을 드러낸 꽃
서둘러 세상에 나온 꽃

화르르 피었다
화르르 진 꽃

그래서 더 슬픈 꽃

모성

어쩌다
우리 집에 둥지를 튼 직박구리
통통하게 익어 달디단
블루베리 새끼 입에 넣어주는
어미 새 직박구리
언어는 달라도 모성은 하나

블루베리 맛을 도저히 잊을 수 없어
두 마리 새끼 새와
다시 찾아온 직박구리

다 네 것
네 것이라며
남겨 두었건만
몰래 먹다 죄지은 사람처럼 후다닥
거실로 들어온 어미 새 직박구리

빨랫줄을 떠나지 못하는 어미 새
새끼를 부르는 어미 직박구리
높은음자리 되어 애닯다

풍경이 아름다운 그곳

오고 또 와도
자꾸 가고 싶어지는 곳
소태면 남한강 물줄기를 따라
드라이브 코스가 아름다운 복 여울 가는 길

소태면 강변 길은
사계가 아름다운 풍경 길
부드러운 햇살에 머리를 두고
도열하여 서 있는 철새
잔조로운 바람에도 우아한 기품을 잃지 않는 갈대

바라보고 서 있는 것만으로
바라보는 것만으로도 위안이 되는
마음이 머물고 싶은 곳

오면 오는 대로 품으며 고요히 흘러가는 강물
마음 없이 흐르는 물의 마음을 닮을 수 있다면

괜스레 손을 적시고 싶어
마른 수풀 더미를 헤치고 물가로 다가가

예쁜 몽돌 하나 집어 힘차게 던지니
강물도 웃고 나도 소리쳐 웃는다

까만 비닐봉지

슬그머니 미소로 건네주시며
눈도 맞추지 않고 뒷짐을 진 채
우리 집에서
이쁜 걸로만 골라서 땄어요 하신다

까만 비닐봉지
고운 마음 가득히 채워져 있었다
한 땀 한 땀 바느질하듯
꽃 속에서 꽃을 따고
모양을 갖춰 만든 어머님 정성

색색이 예쁜 소국
꽃을 준 마음을 생각하며
꽃병에 꽂아 놓으니
세상에서 가장 아름다운 꽃이었다

말없이 쑤욱 건네받은 까만 봉지
소국을 끈으로 칭칭 동여맨 꽃다발
꽃 주인을 만나지 못한 그 꽃이
선물처럼 네게 왔다

〈
이렇게 이쁜 꽃을 저에게 주시다니요
예쁘게 포장된 꽃보다
꽃집에 꽃보다 더 아름다운 꽃
꽃을 고르며 땄을 정성의 향기가 집 안 가득하다

우림 정원

유난히 비가 자주 내리는 봄
부지런을 피워
작년에 만나지 못한 작약을 만나러 간다

메타세쿼이아 길
소나무길
수국 등 아름다운 꽃길
힐링의 길이라 이름 지어진 길을 걷는다

산책은
마음을 모으고 생각을 정리하게 한다

작약을 사이에 두고 너도나도 함박웃음
아이도 어른도 함박꽃

종탑 전망대에 올라
맑은 종소리가 사람들의 마음에 닿기를 기도하며
사랑의 줄을 당긴다

꽃상여

나무에 피어 있어야만
꽃인가요

시든 꽃도 꽃이고
꽃병에 꽃도 꽃이랍니다

살아 있어야
꽃인가요
꽃다발도 꽃이고
한 송이 꽃도 꽃이잖아요

꽃이 떨어진다고 꽃이 아닌가요
떨어진 꽃잎도 꽃이라며
꽃상여 되어 떠나네

사람이 꽃이 되던 날

보랏빛 향기 가득한 퍼플섬
초대받은 고운 소리 사람들
개성이 뚜렷한 사람들의 집합체
열아홉 송이 꽃은 각자의 빛깔로 퍼플섬을 수놓는다

여행은
동행의 즐거움
삶을 바라보는 여유
휴식을 주고 추억을 만들어 주고
넘치는 소유를 주며
낯선 경험을 통해 새로운 눈을 뜨게 한다

보랏빛 왕자가 산다는 퍼플섬
같은 취미의 교집합으로 인연이 된 사람들
열다섯 번의 봄을 함께 보낸 사람들
활짝 피어 만개한 열아홉 송이 꽃
이제는 한 곳을 바라보며 가고 있는 사람들
각자의 색깔로 문화의 꽃을 피운다

온통 보랏빛인 퍼플섬

인연의 꽃이 소중한 것은
함께한 시간이 더해져 있기 때문이다
기분 좋은 어린 왕자는 시소를 타며
퍼플섬에서 내 전화를 받고 있었다

4부

불청객

거울 속
낯선 손님
희끗희끗 불청객의 방문
빼곡히 채워진 여름 숲처럼
가르맛길도 보이지 않았는데
속살이 훤히 보이는 겨울 산처럼
휑하다

집으로 가는 길이 좀 더 멀었으면

꾸리아 회합
인자하신 모후 사업 보고가 있는 날이다
회합을 마치고 사업 보고도 마치고
홀가분한 기분으로 돌아서 나오는데
하느님의 축복과 단원들의 기도가 축성된 꽃다발
단장님의 다정한 목소리
수고했다며 저에게 건네주신다

입을 가린 채 쪽지로, 문자로 보고도 하면서
코로나로 엄중한 시기지만
주임 신부님의 열성적인 사목
레지오 군단은 중단 없는 고리를 이어갔다
단원 선서를 마치자마자
주님께서는 쓰임이 있다며 역할을 주셨지요
서기로 이임을 받으면서 책임이 주어졌다
전임 서기가 이사 가면서
사업 보고는 나의 기록이 아니었기에
이해하고 기록하는데 어려움이 있었지만
서기로서 일해 나가는 데 큰 도움이 되었지요
하느님께서

저를 가르쳐 주시고 인도해 주셨다

두 손으로 꽃다발을 가슴에 안고
밤하늘을 바라보니 구름 속에 달님이
마치 나를 마중 나온 것처럼 살포시 웃는다
집으로 가는 길이 좀 더 멀었으면 하는 생각이 들 만큼
마음이 충만하여 행복이 온몸으로

성큼 가을이 갈까 봐

가을을 불러오는 풀벌레 소리
별이 지도록 밤을 노래하는 귀뚜라미
잠도 오지 않나 보다

네 우는 소리에 나는 눈을 뜨고
너는 내 기척에 잠이 잘 오나 보다

오직
꽃을 피우기 위한 일념으로
기다린 가을
과꽃이
드디어 꽃망울이 맺혔다

너는 꽃을 피우기 위해 가을을 기다리고
나는 너의 뒤에 숨어 나오기 싫구나!

성큼 가을이 갈까 봐
성큼 가을이 올까 봐

남겨 둔 마음

묻고 싶어요
나 그대를 서운하게 했는지
알고 싶어요
나 그대 마음을 아프게 했는지

혼자 아파하지 말아요
혼자 슬퍼하지 말아요

마음도 사랑도
남겨 두어야 하는 거 맞는 거지요
아파하는 마음도
남아 있는 사랑이 있어야 하니까요

나 그냥 기다리려고 해요
남겨 둔 내 마음 찾으러 올 때까지

노란 버스

노란 버스가 사무실 앞을 지나간다
누가 탔는지 모릅니다
다만
노란 버스
그 시간을 기다리는 행복을 주고
혼자 웃게 하고 창가로 달려가게 한다

신호대기에 서 있는 버스를 만나면
오래 볼 수 있다는 생각이
나를 더 기분 좋게 한다
머리칼도 볼 수 없다는 것을 알면서
까치발을 하고 너를 찾는다

시간이 나를 세우고 네가 오기를 기다린다
빠르게 지나가는 자동차
창문 앞을 서성이며
기다리는 마음조차 기쁨을 주는 너

네가 오기를 기다리는 마음
너를 볼 수 있다는 기쁨

찰나에 지나가는 너
네가 타고 있을 노란 버스
오늘도 나는 노란 버스를 기다린다

벌초

하늘도 안 보이는 빼곡한 산허리를 넘어
낫 하나 갈고리 챙겨
적성면 애곡리 조상님 묘를 찾는다
장마로 웃자란 잡풀
앞서가는 남편이 낫으로 잡풀들을 제거하며 길을 터준다
목덜미 타고 흐르는 땀방울만큼이나
들길은 멀고
휴 하는 한숨이 산을 채우듯 메아리치고
산짐승이 남기고 간 발자국을 만나지만
조상을 대하는 마음에 두려움도 잊는다
잠시 숨을 고르던 남편과 아들
어느새 예초기를 둘러메고 봉분을 덮고 있는 풀들을
윙윙거리며 깎는다
조상님들의 은덕을 기르며
후손이 해야 할 도리라고
예초기가 지나간 자리마다
무성하게 자란 풀들이 시원하게 잘려 나간다
묘지를 정리하는 정성스러운 손길이 더해지면서
서서히 제모습을 찾아가는 묘지

이발하듯 깔끔하게 정돈된 봉분 앞에서
술 한 잔 헌주하며
손주며느리 헌시獻詩로 시 한 수를 바친다

적성면 애곡리를 찾아서…

채송화

보도블록 틈 사이
말라비틀어진 채송화

우리 집 돌 틈에서
꽃을 피웠네
하양 빨강 노랑
빛나게 웃고 있는 사랑스러운 작은 꽃

'꽃밭에는 꽃들이 모여 살아요' 그 말이
참 잘 어울리는 꽃
채송화
아침 햇살에 더 환하게 웃고 있네

시선을 두어야 볼 수 있고
다가가야 만날 수 있는 것처럼
커피 한 잔을 타서 나는 너에게 간다
너와 눈 맞춤하며 마시는 커피 맛
아, 이 여유가 주는 풍요!

글꽃

마음 밭에 꽃씨 하나 심으니
사랑의 꽃도 피고
긍정의 꽃도 피더니
용서의 꽃도 피었네!
슬픔도 미움도 녹이는 언어의 꽃

하얀 여백의 공간에 숨을 실으니
글꽃은 생명체가 되고
내 마음 밭에 따뜻한 가슴꽃으로 피어나
아픔도 상처도 품어주는
마음밭이 되었네

달마저 장마에 떠내려갔는가

길은
강이 되고
뱃길이 되었다

돌아오지 못하는 이름
자막 되어 흐르고
눈물 되어 흐른다

달마저 장마에 떠내려갔는가

아무 일도 없었다는 듯
어디 갔다, 이제야
쨍쨍한 얼굴로 나타난 해가 미워 화가 난다

엄마는 그랬다

AI와 대화하는 시대

이제는 아주 먼 옛날이야기
돈보다 쌀이 더 귀하던 시절
밥을 지을 때마다
쌀 한 움큼을 덜어 부뚜막 항아리에
가난을 저축했던 어머니

한겨울에
엄마는 꼭 밥 한 그릇을
아랫목에 묻어 두었는데
그것은
귀가하지 않은 가족을 위한
사랑이었고
어른을 공경하는 엄마의 가르침이었다

초대

아직 오지 않은 친구들을 기다리며
깊은 산골 시골길을 걷는다
간수 뺀 소금처럼
밀려오는 햇살에 보석처럼 반짝이는 잔설
하얀 배를 내밀고 졸가리에 앉아 기쁜 소식 전하는 까치
한 장의 연하장을 배달받은 기쁨

불도 들어오지 않고
수도도 없는 산골짜기에 터를 잡고
대도시에서 귀농한 부부
건강이 그들을 흙으로 돌아오게 했습니다
토박이보다 더 토박이처럼
마을 사람들과
어울림을 잘하는 향토 냄새가 나는 여인
주워 온 도토리, 수확한 콩
손두부 만들고 묵을 쑤고
엄마 마음으로
고향 친구들을 맞이하는 푸근한 여인

반세기가 지나 만나도 어제 본 사람처럼

고향 친구란 낯섦이 없다
하루 종일 웃음꽃이 떠나지 않는 거실
칠순의 친구들은
더 늙기 전에 다 같이 여행을 가자며 우정을 다지고
쉼 없이 굴뚝 꽃을 피우는 주인장 손길
입이 침묵할 틈도 주지 않는다

콩비지에 배추 한 포기 메실 한 병
바리바리 봉지마다 가득히
한 보따리씩 챙겨서 보내는 마음도 넉넉한 그녀

흑백 풍경

친정엄마를 선산에 묻고 내려와
툇마루에 앉아 있노라니 상념에 잠긴다

우물물을 길어가기 위해 삽작 문 하나 더 있던
담장 쪽 이제는 터줏대감이 된 감나무
흙을 밟던 사람들의 발길이 멈춘 것처럼
잎이 무성한 감나무에 열매가 보이지 않는다
아궁이에 걸린 가마솥만이 엄마의 삶을 고스란히 보여줄 뿐

한 분 한 분 동네 어르신 떠나고
이제는 엄마마저 떠나 텅 빈 집
망초꽃만이 무성하게 서 있다

대청마루가 이렇게 작았던가
유년 시절의 대궐 같던 집이
이 집이었던가
무더운 여름 마당에 멍석을 깔고
두레상에 둘러앉아 더위를 삭이던
이 집이 그 집이란 말인가?
〈

타성이 아닌 씨족들이 모여 살던 이곳
굴뚝 집 대신 새로 지은 예쁜 주택들
언젠가 고향집도 낯선 사람이 들어와
뿌리를 내리며 살겠지

나는 보고 싶은 것만 보았나 봐

오월의 어느 날
호숫가 산책로에서 너를 처음 만났어
바람이 지나가자
너의 숨결이 보내준 수수한 향기
나는 그만 너의 향기에 눈멀어
뚝 하고 너를 꺾었단다

우리 식탁으로 온 하얀 찔레
하얀 미소 너의 숨결

서서히 야위어 가는 너
아파하고 있는 너를 보면서
그때서야 미안한 마음이
나는 보고 싶은 것만 보았나 봐

힘들게 오고 있는 봄

올 듯 말듯
갈 듯 말듯
필 듯 말듯

겨울을 품고 있던 씨앗이 살며시 눈을 뜨고
겨우내 누워 있던 잡초
마음 둘 곳 없어도
오뚝이처럼 일어서는 요즘
봄을 내어주던 길목에서
서두르지 말라며
돌아서 가던 겨울이 되돌아와
봄 길에 뿌린 춘설
환하게 웃다 화들짝 놀란 미선나무
다소곳이 얼굴을 내밀다 쏘옥 들어간 목련처럼
손끝이 시려 핫팩을 쥐고 있는 손
계절은 인간들의 마음을 쥐락펴락
온화함으로 안아주다가 냉큼 화를 내기도 한다

우리가 만든 환경인 것을

천국

세울 곳이 없을 만큼 많은 화환과
조문객의 애도 속에 떠나시는 마지막에도
엄마는 자식들을 배려하고 가셨다
장례식도 우리 혼자였고 그 무더웠던 날씨도 한풀 꺾이고
엄마를 심고 내려온 다음 날 비도 내려주고
우리는 오늘도 엄마 이야기를 한다
많이 슬퍼하지 않고 엄마 이야기를 할 수 있어서 감사하다
오 년의 세월을
알아보지도 못하고 말을 잃고 콧줄 식사로 생명을 연장했던 엄마
 귀는 열리어 모든 걸 알아들으시는 듯
 눈을 응시하여 바라보곤 했던 엄마
 쓰러지셔서 그대로 가셨다면 많은 아쉬움이 남았으리라
 그런 한을 우리에게 주지 않고 엄마를 더 많이 사랑할 수 있도록
 기회를 줘서 감사하다

하늘나라 가시면서
와보니 이곳이 천국이구나
이렇게 좋은 곳에 나 혼자 와서 미안하고

나를 떠나보내고 슬퍼할 사람들을 생각하니 미안하고
누가 보내주고 선택해서 온 것이 아니라
거저 와서 미안하다고
이 말씀은 신부님 강론 말씀 중 일부분
마치 나를 보고 말씀하시는 듯
엄마를 떠나보내고 슬퍼하지 말라는 말씀으로 들렸다
탈상하고 회복되지 않은 마음 독서를 하기 위해 미사참례했다
좋은 말씀을 듣기 위한 발걸음에 큰 위로를 받았다
엄마는 좋은 곳으로 가신 것이다

■□ 해설

서정과 동심, 시의 깊이

오만환(시인)

　시집 초록 62편을 메일로 받아서 읽고 기뻤다. 동심(童心)이 시냇물처럼 행간을 흐르고 노래와 풍경 감흥이 즐겁다. 삶의 이 모저모를 그대로 보여주며 말을 걸어오는 작품들 상상을 펼치며 손을 흔든다. 장마가 시작되고 지진도 지나가고 모난 돌과 잊어야 하는 아픔 갈등, 그러나 '삶이란 꽃을 피우며 살아가는 일' 그 말씀이 참이요 선물처럼 오늘을 안고 6월의 끝자락 시(詩)는 깊이와 위의(威儀)를 가진다.

　　울타리가 없었던 시골
　　문간방 하나를 사랑방으로 내어놓았던

질화로 같은 은근한 정이 머문 곳

누구나 머물다 갈 수 있는 사랑방
가마솥에 군불을 지펴
구들장을 덮여 놓았던 어머니

아랫목 화롯불
토닥토닥 불꽃에 고구마가 익어가고
등잔불 온기 방 안을 가득 채운다

창살문에 비치는 어스름한 달빛
청춘의 이야기가 식을 줄 몰랐던
추억의 사랑방

-「사랑방」전문

  사랑방 추억이 그림처럼 펼쳐지며 정감이 묻어난다. 현실에서는 찾아보기 힘든 장면들을 시를 통해 만나며 독자는 따듯함과 만족을 누리고 어스름한 달빛 청춘을 떠올린다. 가마솥에 군불을 지펴 구들장을 덮여 놓았던 어머니의 배려심. 토닥토닥 불꽃에 익어나는 고구마 군침이 돈다. 이 시의 매력은 맑은 동심과 묘사의 투명성 간결하고 깔끔한 마무리에 있다. "토닥토닥 불꽃" 언어 감각이 생동감을 준다.

먹물 한 방울 떨구어 논 하늘빛
꼭 다물었던 입술을 열며
하나둘 피어나기 시작하는 분꽃

바람이 보내준 향기
뜨락의 분꽃 앞에 앉아 있는 나
두터운 듯 은은한 하얀 분꽃에서
엄마 살 냄새가 난다
그리운 엄마

우리가 결혼하던 특별한 날에만
분단장했던 엄마
보고 싶은 울 엄마
분꽃에서
울 엄마 분 냄새가 난다

하얀 분꽃

흰 모시 적삼 곱게 차려입은

고운 엄마의 모습을 보는 듯

볼 수도 없고 만져볼 수도 없는 엄마

분 냄새 살 냄새

그리움에 눈이 감긴다

- 「분꽃 앞에서」 전문

  분꽃에서 돌아가신 울 엄마를 체감한다. 분 냄새 살 냄새 그리움에 눈이 감기는데 시에서 어머니는 어떻게 인식(認識)되었을까? 우리가 결혼하던 특별한 날에만 분단장을 하셨다고 안타까움을 토로한다. 바람이 보내준 향기 앞에서 말하고 있는 화자(話者)인 나는 엄마와 동일시(同一視)되는 분꽃을 바라보며 그 눈에는 반가움이 그윽하다. 그뿐인가? 아니다. 흰 모시 적삼 곱게 차려입은 엄마는 볼 수도 없고 만져볼 수도 없다는 일깨움이 눈물을 핑 돌게 하는데 바탕에 어머니를 생각하는 마음, 효심이 깊어서 울림을 주고 시의 위상을 높인다.

  시집 전체를 살펴볼 때 꽃이나 나무 자연 풍경에 친밀감을 느끼고 인격을 부여하여 교감하는 작품이 많은데 한마디로 서정시가 주류를 이룬다. 한국의 전통 정서에 뿌리를 두고 보통

사람들에게 큰 호소력으로 물결친다.

    성당 형님이 살구 좀 먹어보라며 주시는데
    보기만 해도 입에서 침이 고인다
    아버님 생각이 난다

    우리 집 흙담 대문 옆에
    큰 살구나무가 한 그루 있었는데
    아버지는 상처 나지 않은 살구를 따기 위해
    사다리를 대고 올라가서 잘 익은 놈만 골라
    손으로 따기도 했고 바지랑대로 나뭇가지를 털어 주기도 했다
    자식들에겐 터지지 않고 분이 나는 살구만 주셨다

    엄동설한 새벽녘도 마다하지 않고
    집 안을 돌며 건천 아궁이마다
    연탄을 갈아주시던 아버님
    고양이보다 더 은밀했던 아버지 발자국
    그때는 왜 그리 귀도 밝았는지
    왜 그렇게 일어나기가 싫었는지
    〈

이제 그곳에는

사다리도 없고 살구나무도 없다

장미 넝쿨이 이쁜 하얀 대문집이 되었다

− 「하얀 대문집」 전문

　아버지가 아니 계시는 옛집 장미 넝쿨이 이쁜 하얀 대문집 사다리도 없고 살구나무도 없다. 없다고 없는 게 아니다. 시심은 추억을 눈앞에 불러와 영화처럼 동영상을 펼친다. 자식들을 위해 베풀고 헌신하신 아버지의 삶, 잘 익은 살구와 엄동설한 연탄은 대조적 이미지로 충돌하며 제3의 충격 효과로 톡 쏘는 시 맛을 느낀다. 이것은 자연적 흐름 속에 정서적으로 시간의 거리를 두고 정밀한 묘사를 통해 이루는 고도의 시작법이다

　그때는 왜 그리 귀도 밝았는지 왜 그리 일어나기 싫었는지 자신을 돌아보는 성찰의 독백 글귀들도 예사롭지 않다. 그렇다 진솔함은 사람을 움직인다. 시를 읽으면 감수성이 풍부해지고 정신 건강에 긍정적 영향을 미친다. 바라보는 시각도 넓어지고 좋은 시는 영혼을 울린다.

방학만 되면

비포장길에 덜컹거리는 버스를 타고

외갓집에 가는 게 큰 즐거움이었던 때가 있었다

가다가 꽃도 꺾고 개울에서 주저앉아 물장난도 치며

세월아 네월아

일제 강점기 엄마가 다녔다는 보통학교

오수 초등학교를 지나

십 리 길을 걸어가는 그 길이

멀다고 생각해 본 적이 없다

전화도 없었던 시절

잘 갔겠지 잘 들어갔겠지!

요즘 세상이면 상상도 할 수 없는 일이지만

안내양 언니가 차 문을 두드리면

그곳이 정거장

그 믿음으로

엄마는 걱정하지 않았다

- 「엄마는 걱정하지 않았다」 전문

   시집의 표제 작품이다. 외갓집 가는 게 큰 즐거움이었던 추억을 눈앞에 불러다 보여주며 곰곰 생각에 잠긴다. 버스를 타고 덜컹대는 시골길, 엄마가 다니셨던 〈오수 초등학교〉를 지난다. 감상은 독자의 몫이라고 '오수'가 상상에 날개를 단다. 나무가

다섯 아니면 더러운 물, 그럴 리는 없고 초등학교 도덕 시간에 배운 술 취한 주인을 살리고 불에 타 죽은 개, 의리의 상징 개나무 오나무 수. 그 개의 의리를 오래도록 잊지 않고 얼마나 많은 달과 해가…. 아! 그 시절엔 안내양 언니가 문을 두드리면 그곳이 정거장, 그 믿음으로 엄마는 걱정하지 않았다. 믿음이 엷어진, 서로 믿지 못하는 믿을 수 없는 우리의 현실에 대한 날카로운 시선에 집중한다, 비판을 강하게 그러나 소리치지 않고 역설로써 드러낸다.

조선을 개국하면서 서울 동서남북 사대문을 인의예지(仁義禮智)를 넣어서 흥인문(興仁門), 돈의문(敦義門), 숭례문(崇禮門), 홍지문(弘智門)이라 이름 짓고 그 중심에 보신각(普信閣)을 세웠던 역사를 오늘 위에 비춘다. 아니 그러한가? 현실을 냉철하게 살펴보라. 믿음의 회복. 시는 짧지만 설득력, 수채화와 같은 맑은 서정 속 시냇물도 흐르고 그러나 시의 울림은 우렁차다.

    왔니, 하며
    창살문을 활짝 열어젖히며
    반기던 울 엄마

    이른 아침 다급하게 울리던 전화벨 소리

마을 어귀

꽃모종을 하기 위해

홀로 일어나다 쓰러지셨던

잊을 수 없는 그날

엄마는 말을 잃었고

나는 엄마 목소리를 잃었습니다

올해도 나의 뜨락에는 백일홍이 피었습니다

한 번 심은 백일홍은 이렇듯 다시 피어나는데

보고 싶은 엄마의 목소리는 피어나지 않습니다

- 「잊을 수 없는 그날」 전문

어찌 그날을 잊으랴? 마을 어귀 꽃모종을 하기 위해 어머니께서 홀로 일어나다 쓰러지셨던 그날, 이른 아침 전화벨 소리 다급하게 울린다.

시는 왔니! 하며 반기는 울 엄마가 계시던 날과 대비를 이루며 엄마가 아니 계시고 백일홍 만발한 뜨락 정서를 편안하게 보여준다. 꽃은 다시 피어나는데 잃어버린 엄마의 목소리는 다시 피어나지 않습니다. 반가움 다급함 허전함 거듭하여 속내를 읽는다. 그리움에 대한 절규! 그 울음이 손수건을 적신다. 어쩌면 깊은 울음이 마음을 씻어주리라 생각한다.

믿음 하나만으로
그 높은 곳을
그 먼 길을
차디찬 돌담에서
온통 초록 세상을 만들어 가는 담쟁이

서 있을 수조차 없는 그 길을
부여잡고 움켜쥐는 것
그것이 삶의 전부가 아니라고
비워야
비로소
앞으로 나아갈 수 있음에
손목을 떨구는 담쟁이

손과 손을 마주 잡고
축대를 온몸으로 품어 안고서야
담쟁이는 손을 벌려 세상을 안아 준다

— 「성당 축대 담쟁이」 전문

　자연 식물 '담쟁이'에서 사람이 지혜를 배운다, 부여잡고 움켜쥐는 것 그것이 삶의 전부가 아니며 비워야 비로소 앞으로 나아갈 수 있다. 이것은 철학이다. 성당 축대의 풍경을 많은 사람들이 바라보고 마음에 담아서 갔다, 여기서 기존의 인식과 표현을 달리하여 시적 성공을 거두기는 매우 어렵다. 그런데 세밀한 관찰과 간결한 묘사. 맺음말 시의 서정성이 조화롭고 그 결과로 울림이 넓고 깊다

　　고운 한지에
　　수줍은 듯 다소곳이
　　발그레 곱기도 한 것

　　말랑말랑
　　연하기가 부드러운 속살 같구나!
　　입안 가득히 고이는 너의 풍미風味
　　침이 고여 더 이상 참지 못하고
　　허물을 벗기기 시작했지
　　드디어 속살을 드러내는 너

한입 덥석 베어 물었다

살살 살 녹는

그래 복숭아 맛은 이 맛이야

- 「이 맛이지」 전문

충주 지역 특산물 복숭아를 널리 알리는 광고 문구로 쓰여도 좋을 만큼 감각적이다. 특히 '이 맛이지' 제목으로 끌어 올린 언어에 대한 자신감 그 솜씨가 아주 좋다. 시에서 복숭아의 속살과 풍미를 느끼며 살살살 녹는 그 촉감 군침이 돈다. 이 시는 오감을 자극한다. 백족산이 어디인가? 숨은 전설과 왕비의 이런저런 이야기 노래도 있지 않겠는가? 느낌 따라 길을 떠나 볼 일이다, 독자여 이 맛! 이 어떤 것이여? 복숭아의 계절 눈에서 7월을 읽는다.

새봄이 시작되는 3월

어린이집에 입소한 21개월 시온이

시온이 사회생활이 시작되었지요

엄마와 떨어져야 하는 슬픔을 배우는 시온이

둘째 날은 울음 끝도 짧았다는구나

셋째 날은 웃으면서 엄마 품으로

사진 속 표정으로

할머니는 시온이 언어를 읽는단다

넷째 날은 밥도 잘 먹었다는구나

다섯째 날 유치원으로 너를 마중 간 할머니

대견한 너를 꼭 안아주고 싶어서였지

어떤 표정을 지을까?

신발장 운동화를 두리번거림 없이 한 번에 찾아오더구나

너무 기특해서 꼭 안아주었지

털썩 주저앉더니 신겨달라는 시온이 언어

선생님께 고개 숙이고 인사할 줄 아는 시온이

잘했어요, 잘했어요

할머니 눈에는 보였지

하루가 다르게 성장하는 시온이가

기분이 좋았는지 차 안에서 너만의 언어로 흥얼거렸어

할머니는 알아들었지

지금 우리 시온이 기분이 최고구나 하고

- 「사회생활」 전문

시온이와 할머니의 일상 그 일부를 일기처럼 펼쳐 보이며 시를 이끌고 간다. 엄마와 떨어져야 하는 슬픔이며 할머니는 시온이의 마음을 잘 헤아리시고 칭찬과 수고를 아낌없이 주신다, 하루가 다르게 성장하는 손자 시온이도 할머니도 기분이 최고, 독자도 기분이 최고다. 자칫 손자 자랑에 머물 수 있는 장면들이 투명한 내면 묘사와 대화체 문장, 알맞은 절제로 시를 읽는 즐거움을 높이며 시의 품격을 지켰다.

특히 밝고 화사한 아침
오늘이 준 날씨에 감사의 마음을 전해보자

목마름을 해소한
초록 가득한 텃밭
요기조기 심어 놓은 작은 꽃들
채소들
그들과 눈 맞춤 하면서 가볍게 걷는다
아!
이 냄새
이 상쾌함
지나가는 바람
사운 대는 잎사귀

이 공기

사는 게 다 그렇지, 그런 거라 말하지만
순간순간 마음을 두드리며 찾아오는 다름이
선물처럼 오늘을 안고 살아가는 것

- 「늘 오는 하루지만」 전문

　삶을 대하는 자세를 시를 통해 가볍게 이야기한다. "순간순간 마음을 두드리며 찾아오는 다름이/ 선물처럼 오늘을 안고 살아가는 것"이라고 스스로에게 다짐한다. 큰 깨우침이다. 참으로 바르다고 손뼉을 친다. 시에서 선미(禪味)를 체감한다. 시인은 아침에 일기를 쓴다. 시를 통해 독자에게 밝혔다. 저녁에 쓰면 감정이 들어가지만 아침에 쓰면 자신을 돌아보는 여유를 준다. 그렇다 그러면서 일기를 쓰는 마음 그대로 시를 세상에 내보낸다고 부끄러운 듯 고개를 숙인다. 진솔함. 소박하고 겸허한 자세 한마디로 성찰(省察). 이 시집의 큰 미덕(美德)이다.

보도블록 틈 사이
말라비틀어진 채송화
〈

우리 집 돌 틈에서

꽃을 피웠네

하양 빨강 노랑

빛나게 웃고 있는 사랑스러운 작은 꽃

'꽃밭에는 꽃들이 모여 살아요' 그 말이

참 잘 어울리는 꽃

채송화

아침 햇살에 더 환하게 웃고 있네

시선을 두어야 볼 수 있고

다가가야 만날 수 있는 것처럼

커피 한 잔을 타서 나는 너에게 간다

너와 눈 맞춤하며 마시는 커피 맛

아, 이 여유가 주는 풍요!

- 「채송화」 전문

꽃과의 친밀함이 만발했다. 자연 친화적인 눈과 마음의 발자국 그 묘사와 노래가 그대로 시가 되었다. 시집에서 이런 시편을 여러 편 만난다. 시인은 그래야 하고 시의 풍요를 누린다.

자연 사물과 가까이 그 표정을 읽고 눈 맞춤 하며 마시는 커피 맛. 여유와 풍요가 동요도 들려주고 상쾌함을 준다.

    아직 오지 않은 친구들을 기다리며

    깊은 산골 시골길을 걷는다

    간수 뺀 소금처럼

    산과 들에 남아 있는 잔설이

    비추는 햇살에 반짝임이 보석 같다

    하얀 배를 내밀고 졸가리에 앉아 기쁜 소식 전하는 까치

    한 장의 연하장을 배달받은 기쁨

    불도 들어오지 않고

    수도도 없는 산골짜기에 터를 잡고

    대도시에서 귀농한 부부

    건강이 그들을 흙으로 돌아오게 했습니다

    토박이보다 더 토박이처럼

    마을 사람들과

    어울림을 잘하는 향토 냄새가 나는 여인

    주워 온 도토리, 수확한 콩

    손두부 만들고 묵을 쑤고

엄마 마음으로

고향 친구들을 맞이하는 푸근한 여인

반세기가 지나 만나도 어제 본 사람처럼

고향 친구란 낯섦이 없다

하루 종일 웃음꽃이 떠나지 않는 거실

칠순의 친구들은

더 늙기 전에 다 같이 여행을 가자며 우정을 다지고

쉼 없이 굴뚝 꽃을 피우는 주인장 손길

입이 침묵할 틈도 주지 않는다

콩비지에 배추 한 포기 메실 한 병

바리바리 봉지마다 가득히

한 보따리씩 챙겨서 보내는 마음도 넉넉한 그녀

－「초대」 전문

 시의 화자(話者)를 따라 고향에 갔다가 귀농한 부부의 초대를 받았다. 깊은 산골 시골길 졸가리에 앉아 연하장을 배달하며 반기는 까치 거실에는 하루 종일 웃음꽃이 핀다. 불도 들어오지 않고 수도도 없는데 흙으로 돌아와 건강을 챙긴다. 토박이 마을 사람들과 토박이처럼 잘 어울리는 여인은 푸근한 정을 느낀다. 시의 중심에 그 여인이 있고 칠순의 친구들은 우정을 다진다. 그야말로 흑백 사진처럼 그러나 현실이다. 동영상 보듯 현장감이 좋다. 긍정적 자아가 산문시 한 편을 건넸다. 인공지능 AI 시대 우리는 상생해야 한다 우리에게는 아직도 시골이 꼭 필요하다. 좋은 시는 휴식을 준다. 고향과 그리움의 정서 여전히 시의 큰 숲이며 우물이다.

   시집의 특징을 간추려보면 전통 서정시의 맥을 잇는다. 시상은 맑고 전개는 투명하며 삶에 대한 소박하고 겸손한 마음이 독자에게 잔잔한 울림을 준다. 시 내면에는 가족 사회에 대한 믿음과 감사하는 마음이 면면히 흐른다. 믿음과 영성(靈性) 그 뿌리가 깊어서 폭넓은 독자들에게 공감을 주고 그 울림이 깊다. 사회 현실에 대한 날카로운 시선과 비판은 잠재되고 성찰을 통해 숙성되고 시의 완성도를 높인다.
   부족한 필력으로 귀한 작품에 사족(蛇足)이 되지 않을까 걱정과 두려움이 앞선다. 작가와 독자의 혜량(惠諒)을 엎드려 구한다. 비와 바람 햇볕으로 들판은 작물들이 가득하다. 도전적 자세와 실험적인 창작을 또한 바라며 우리 문학의 큰 나무가 될 것을 예감한다. 열렬히 응원하며 첫 시집 발간을 축하드린다.